# C'est Kiki
## et autres sketches

## Chez le même éditeur

Collection Expression théâtrale

## MATERNELLE

*100 jeux de théâtre à l'école maternelle*
Dominique Mégrier

*Petits spectacles à jouer en maternelle*
Dominique Mégrier et Alain Héril

## 5 À 8 ANS

*Des sketches à lire et à jouer*
François Fontaine

*Saynètes pour apprentis comédiens*
François Fontaine, Sylvaine Hinglais et Brigitte Saussard

## 5 À 10 ANS

*Des spectacles pour les enfants*
Sous la direction de Denise Chauvel

Les sketches de cet ouvrage ont été initialement publiés dans l'ouvrage
*Des sketches à lire et à jouer,* © Retz, 1994.

# SOMMAIRE

**C'est Kiki** . . . . . . . . . . . . . . . . . . . . . . . . . . . . . . . . . . . . . . . . .page 5

Un père ne cesse de reprendre son fils pour qu'il parle
correctement. On ne dit pas : « c'est quand qu'on »,
« c'est où qu'on » ou « c'est qui qui »... Ce serait simple
si leur chien ne s'appelait pas Kiki...

**En voiture** . . . . . . . . . . . . . . . . . . . . . . . . . . . . . . . . . . . . . . . . . .page 7

Quand un automobiliste ne s'arrête pas au feu rouge, n'a pas mis
sa ceinture, n'a ni ses papiers, ni son permis... et rencontre un agent
de police, il risque d'avoir de petits problèmes...

**Il était une fois** . . . . . . . . . . . . . . . . . . . . . . . . . . . . . . . . . . . .page 11

Six enfants se racontent des histoires, en mélangeant un peu les
héros et le déroulement de contes célèbres... ce qui ne plaît pas
beaucoup aux personnages de ces contes !

**La Petite Souris** . . . . . . . . . . . . . . . . . . . . . . . . . . . . . . . . . . . .page 15

Un enfant vient de perdre sa dent et apprend par un autre qu'il
faut la mettre sous son oreiller afin que la Petite Souris passe et
l'échange contre une pièce. Mais cette pièce peut devenir très
embarrassante !

**Les couleurs** . . . . . . . . . . . . . . . . . . . . . . . . . . . . . . . . . . . . . . .page 21

Un client rentre chez un marchand pour acheter de la peinture.
Mais cela est bien plus compliqué qu'il n'y paraît ! Que choisir :
bleu ciel ou bleu marine, vert pomme ou vert bouteille, jaune d'or
ou jaune citron ? Le marchand devra être très patient face à son
client inexpérimenté.

**Petits musiciens** . . . . . . . . . . . . . . . . . . . . . . . . . . . . . . . . . . .page 25

Quatre petits musiciens comparent leur expérience musicale. Si la
musique adoucit les mœurs, elle casse aussi parfois les oreilles !

**La chasse** . . . . . . . . . . . . . . . . . . . . . . . . . . . . . . . . . . . .page 29
Deux chasseurs sont bien résolus à ramener du gibier chez eux,
mais les animaux ne l'entendent pas de cette oreille...

**François Fontaine**

Instituteur, François Fontaine a déjà publié chez Retz un
recueil de saynètes : *Des sketches à lire et à jouer.* Il a
également participé à d'autre ouvrages dans la collection « Expression théâtrale » : *Grammaire en scènes,
Petites comédies pour les enfants, Pièces historiques.*

# C'est Kiki

**Personnages :**
L'enfant
Le père

**Accessoires :**
Un chien en peluche
tenu en laisse par le père

**l'enfant**
Dis papa, c'est quand qu'on va se promener ?

**le père**
On ne dit pas : « C'est quand qu'on va se promener ? »,
on dit : « Quand est-ce qu'on va se promener ? »

**l'enfant**
Ah ? Quand est-ce qu'on va se promener alors ?

**le père**
Tout de suite. *(Au chien.)* Allez viens, Kiki.

**l'enfant**
Et c'est où qu'on va ?

**le père**
On ne dit pas : « C'est où qu'on va ? », on dit : « Où est-ce qu'on va ? »

**l'enfant**
Ah ? Et où est-ce qu'on va alors ?

**le père**
On va emmener Kiki au parc, il a besoin de courir un peu.

**l'enfant**
Et c'est qui qui vient avec nous ?

**le père**
On ne dit pas « C'est qui qui... », on dit : « Qui est-ce qui... »

**l'enfant**
Ah ? Alors, qui est-ce qui vient avec nous ?

**le père**
C'est Kiki.

**l'enfant**
Tu vois, toi aussi tu le dis !

**le père**
Qu'est-ce que je dis ?

**l'enfant**
C'est qui qui...

**RIDEAU**

# En voiture

**Personnages :**
L'agent
L'automobiliste

**Accessoires :**
Une forme de voiture
en carton
Un képi, un sifflet,
une paire de bretelles,
des papiers de bonbons

**l'agent,** *rejoignant l'automobiliste après avoir sifflé.*
Alors, monsieur, vous n'avez pas vu le feu ?

**l'automobiliste**
Le feu ? Où ça ? Il y a le feu ? Il faut appeler les pompiers !

**l'agent**
Mais non, monsieur, le feu rouge ! Il faut s'arrêter au feu rouge.

**l'automobiliste**
Ah ! Excusez-moi, je ne l'ai pas vu.

**l'agent**
Et votre ceinture ? Vous ne l'avez pas attachée, votre ceinture !

**l'automobiliste**
Je n'ai pas besoin de ceinture, monsieur l'agent, j'ai des bretelles pour tenir mon pantalon !

**l'agent**
Oh, mais je n'aime pas qu'on se moque de moi !
Montrez-moi vos papiers !

**l'automobiliste**
Quels papiers ?

**l'agent**
Les papiers de la voiture, bien sûr !

**l'automobiliste,** *qui cherche dans ses poches et en sort toute une série de papiers.*
Des papiers... Attendez, j'ai du papier pour écrire, des papiers de bonbons, des mouchoirs en papier... c'est tout.

**l'agent**
Bon, vous n'avez pas de papiers... Et votre permis de conduire, vous l'avez ?

**l'automobiliste**
Un permis de conduire ? Mais pour quoi faire ?

**l'agent**
Mais enfin, monsieur, vous ne pouvez pas rouler sans permis !

**l'automobiliste**
Mais si! La voiture ne peut pas rouler sans essence, mais sans permis, elle marche quand même, vous savez!

**l'agent**
Mais il est fou celui-là! Vous allez souffler dans le ballon!

**l'automobiliste**
Vous avez un ballon? Vous pouvez me le donner pour mon petit garçon? Il adore jouer au ballon!

**l'agent**
Cette fois, ça suffit! *(Il fait descendre l'automobiliste de la voiture.)* Je vous emmène au poste!

**l'automobiliste**
Ah non!

**l'agent**
Comment ça, non?

**l'automobiliste**
D'abord, on ne dit pas « au poste », monsieur l'agent, on dit « à la poste ». Ensuite, le facteur est déjà passé, alors je n'ai pas besoin d'aller à la poste!

**l'agent**
Et moi, je vous dis que vous allez venir avec moi au poste de police!

**l'automobiliste**
Mais alors, qu'est-ce qu'on fait de la voiture ?

**l'agent**
On la laisse là.

**l'automobiliste**
C'est embêtant, elle n'est pas à moi...

**l'agent**
Ah bon ? À qui est-elle ?

**l'automobiliste**
Je ne sais pas, je l'ai trouvée en bas de la rue...

**RIDEAU**

# Il était une fois

**Personnages :**
6 enfants
Le Petit Chaperon rouge
La grand-mère, le loup
Le Petit Poucet, l'ogre
La mère Michel

**Accessoires :**
Des masques
de personnages
de contes,
des costumes,
6 chaises

*La scène se passe dans une salle de jeux ; six enfants s'y trouvent réunis.*

**enfant 1**
Il pleut. On ne peut pas aller jouer dehors. Qu'est-ce qu'on pourrait faire ?

**enfant 2**
Si on se racontait des histoires ?

**enfant 3**
C'est pas drôle, on les connaît toutes...

11

**enfant 2**
On n'a qu'à les changer un peu...

**enfant 1**
On peut essayer. Qui est-ce qui commence?

**enfant 2**
Moi! Il était une fois une petite fille qui s'appelait le Petit Chaperon rouge...

**enfant 4**
Rouge, toujours rouge! Pourquoi pas bleu pour une fois?

**enfant 2**
D'accord. Bon, je recommence. Le Petit Chaperon rouge...

**tous,** *l'interrompant.*
Bleu, on a dit!

**enfant 2**
Bon, le Petit Chaperon bleu, alors... allait chez sa grand-mère...

**enfant 5**
Non! Il allait chez la mère Michel!

**enfant 6**
Oui, oui! Chez la mère Michel! Je continue : en traversant la forêt, le Petit Chaperon bleu rencontre le grand méchant loup...

**enfant 3**
Non, elle rencontre le Petit Poucet et elle lui demande s'il n'a pas vu le chat de la mère Michel.

**enfant 1**
Il n'a pas vu le chat, mais il a croisé les trois petits cochons qui allaient chez la grand-mère.

**enfant 2**
Alors le Petit Chaperon rouge...

**enfant 3**
Bleu !

**enfant 2**
Le Petit Chaperon bleu lui dit : « Viens avec moi, on va aller les retrouver et on mangera la galette avec eux. »

**enfant 4**
Oui, oui ! Une bonne galette !

**enfant 5**
Et Cendrillon qui passait par là les a fait monter dans son carrosse pour aller plus vite.

**enfant 6**
Oui, et l'ogre et le grand méchant loup qui couraient derrière n'ont pas pu les rattraper...

*Arrivent sur scène le Petit Chaperon rouge, le Petit Poucet, la mère Michel, le loup, l'ogre et la grand-mère. Ils protestent ensemble.*

**les personnages de contes**
Qu'est-ce que c'est que cette salade ? Vous racontez n'importe quoi ! Nous sommes perdus ! Nous voulons retourner dans notre véritable histoire !

**RIDEAU**

# La Petite Souris

| Personnages : | | Accessoires : |
|---|---|---|
| 2 Enfants |  | 2 chaises |

**enfant 1**
Regarde, ma dent est tombée.

**enfant 2**
Il faut la garder. Ce soir, tu la mettras sous ton oreiller
et la Petite Souris te donnera une pièce de monnaie.

**enfant 1**
Tu crois ?

**enfant 2**
Oui. Moi, quand j'ai perdu ma première dent, la
Petite Souris m'a apporté 2 euros.

**enfant 1**
2 euros ? C'est beaucoup. Et qu'est-ce que tu as acheté avec ?

**enfant 2**
Je voulais acheter des bonbons, mais avec une dent en moins et une autre qui bouge déjà, il n'en reste plus beaucoup pour manger...

**enfant 1**
C'est vrai. Et pour les chewing-gums c'est pareil...

**enfant 2**
Oui, alors j'ai gardé mes 2 euros et je les ai mis dans ma tirelire.

**enfant 1**
Tu as une tirelire ?

**enfant 2**
Ben oui, pas toi ?

**enfant 1**
Non.

**enfant 2**
Eh bien voilà, avec les sous que la Petite Souris t'apportera, tu pourras t'acheter une tirelire.

**enfant 1**
Pour quoi faire ?

**enfant 2**
Ben pour mettre tes sous dedans, tiens!

**enfant 1**
Mais je n'aurai plus de sous puisque j'aurai acheté une tirelire avec...

**enfant 2**
C'est vrai ça, une tirelire, ça ne sert à rien si on n'a pas d'argent à mettre dedans...

**enfant 1**
Je pourrais peut-être mettre mes sous dans ta tirelire?

**enfant 2**
Oui, mais comment on fera pour reconnaître nos pièces quand elles seront toutes mélangées?

**enfant 1**
On n'aura qu'à partager...

**enfant 2**
Ah non! Ça ne va pas! J'en ai plus que toi, alors si on partage, tu auras des pièces à moi.

**enfant 1**
C'est vrai, ce n'est pas juste.

**enfant 2**
Elle est bien gentille la Petite Souris, mais elle nous complique la vie, tu ne trouves pas?

**enfant 1**
Si. Ce serait plus simple si elle ne passait pas du tout.

**enfant 2**
Ne mets pas ta dent sous ton oreiller, comme cela tu seras tranquille.

**enfant 1**
J'ai une idée. Je vais faire dormir le chat dans ma chambre. Comme ça, si elle vient : couic !

**enfant 2**
Ah non ! Si ton chat mange la Petite Souris, elle ne viendra plus jamais et on n'aura rien pour nos autres dents !

**enfant 1**
Tu as raison. Le chat dormira dehors.

**enfant 2**
Tu n'as qu'à cacher ta dent en attendant d'en perdre une autre...

**enfant 1**
Bonne idée ! Et quand j'en aurai deux, la Petite Souris m'apportera deux pièces !

**enfant 2**
Voilà ! Une pièce pour acheter la tirelire et une pour mettre dedans.

**enfant 1**
Oui, mais en attendant, où je vais mettre ma dent ?

**enfant 2**
Si tu veux, je peux te la garder dans ma tirelire...

**enfant 1**
D'accord, mais attention : tu la mettras bien dans ta tirelire, hein ? Pas sous ton oreiller !

**RIDEAU**

# Les couleurs

**Personnages :**
6 enfants
Le marchand
Le client

**Accessoires :**
1 comptoir
Des pots de peinture
Un gros pinceau

*La scène se passe chez un marchand de couleurs.*

**le client**
Bonjour monsieur, je voudrais de la peinture bleue,
s'il vous plaît.

**le marchand**
Oui monsieur. Vous voulez du bleu marine ou du
bleu ciel ?

**le client**
Je ne sais pas, moi. Lequel coûte le moins cher ?

**le marchand**
C'est le même prix pour toutes les couleurs.

**le client**
Alors, quelle est la différence ?

**le marchand**
Ben, ce n'est pas le même bleu.

**le client**
Ah ! là ! là ! C'est compliqué ! Vous n'avez pas du bleu tout simple ?

**le marchand**
Non, c'est bleu ciel ou bleu marine.

**le client**
Et du vert, vous en avez ?

**le marchand**
Bien sûr ! Qu'est-ce que vous voulez : du vert pomme ou du vert bouteille ?

**le client**
Du vert... comme les arbres.

**le marchand**
Ça n'existe pas. C'est vert pomme ou vert bouteille.

**le client**
Ça ne va pas. Vous avez du jaune ?

**le marchand,** *impatient.*
Oui, j'ai du jaune citron et du jaune d'or.

**le client**
Non, non, non ! Je veux une couleur simple ! Et du blanc, vous en avez ?

**le marchand**
Oui. Je vous donne du blanc normal ou du blanc cassé?

**le client**
Vous vendez du blanc cassé?

**le marchand**
Évidemment!

**le client**
Au même prix que les autres couleurs?

**le marchand,** *surpris.*
Bien sûr!

**le client**
Mais s'il est cassé, c'est qu'il n'est pas solide! Il faut le vendre moins cher!

**le marchand,** *amusé.*
Mais non, monsieur, blanc cassé, c'est juste le nom de la couleur. Le prix ne change pas...

**le client,** *scandalisé.*
Eh bien bravo! Alors pour vous, le blanc d'œuf et le blanc de poulet, c'est le même prix? Et les oranges? Et les marrons? Et les roses? C'est le même prix aussi? Allez donc demander à l'épicier en face, vous verrez ce qu'il vous dira!

**RIDEAU**

# Petits musiciens

**Personnages :**
4 enfants

**Accessoires :**
4 chaises

**enfant 1,** *très content de lui.*
Hier, j'ai pris ma première leçon de piano.

**enfant 2**
Tu joues du piano, toi ?

**enfant 1**
Oui. C'est joli le piano... et puis, c'est très bon pour
les doigts. *(L'enfant pianote dans le vide en exagérant
le jeu de scène.)*

**enfant 3**
Moi, j'apprends le clairon avec mon grand-père.

**enfant 2**
Tu joues du clairon, toi ?

**enfant 3**
Oui. C'est joli le clairon... et puis, c'est très bon pour les

poumons. (*L'enfant fait mine de souffler dans un clairon en gonflant exagérément ses joues et en respirant très fort.*)

**enfant 4**
Moi, je suis des cours de flûte au conservatoire.

**enfant 2**
Tu joues de la flûte, toi ?

**enfant 4**
Oui. C'est joli la flûte... et puis c'est très bon pour les doigts... et pour les poumons. (*Jeu de scène : mouvements du flûtiste et respiration profonde.*)

**enfant 1,** *s'adressant à l'enfant 2.*
Et toi ? Tu n'aimes pas la musique ?

**enfant 2**
Moi ? Si, bien sûr ! J'adore le tambour !

**enfant 3**
Tu joues du tambour, toi ?

**enfant 2**
Oui. C'est super le tambour... et puis, c'est bon pour les bras (*Jeu de scène : battements de bras énergiques.*)... et pour les jambes. (*Jeu de scène : marche de type militaire.*) Mais maman veut que j'arrête.

**enfant 4**
Elle veut que tu arrêtes ? Mais pourquoi ?

**enfant 2,** *appliquant ses deux mains sur ses oreilles.*
Parce qu'elle trouve que ce n'est pas bon pour les oreilles !

**RIDEAU**

# La chasse

**Personnages :**
Les deux chasseurs,
Le chevreuil,
Le lapin,
Le canard

**Accessoires :**
2 fusils (pour les chasseurs)
des masques
figurant les animaux

*La scène se passe en forêt. Les deux chasseurs marchent côte à côte, le fusil à la main. Arrive de l'autre côté de la scène un chevreuil.*

**1er chasseur**
Regarde ! Un chevreuil. Vas-y !

**le chevreuil,** *tombant à genoux devant le 2e chasseur qui a épaulé son fusil :*
Pitié, monsieur le chasseur ! Ne me tuez pas !

**2e chasseur**
Et pourquoi pas ?

**le chevreuil**
Ce serait du gaspillage! Si vous me tuez, vous aurez à manger pour trente personnes. Vous n'êtes quand même pas trente dans votre famille!

**1er chasseur**
C'est vrai, ça. On ne pourra jamais tout manger. Laisse-le partir.

**2e chasseur,** *baissant son fusil et invitant d'un geste le chevreuil à partir*
Allez, chevreuil, file! Tu as de la chance aujourd'hui!

*Le chevreuil disparaît.*

*Apparaît le lapin.*

**2e chasseur**
Regarde! Un lapin! Vas-y!

**le lapin,** *tombant à genoux devant le 1er chasseur qui a épaulé son fusil*
Pitié, monsieur le chasseur! Ne me tuez pas!

**1er chasseur**
Et pourquoi pas?

**le lapin**
Je suis bien trop petit! Si vous me tuez, vous aurez à peine à manger pour deux personnes. Vous êtes quand même plus de deux dans votre famille!

**2ᵉ chasseur**
C'est vrai ça. Il n'y aura pas assez à manger. Laisse-le partir.

**1ᵉʳ chasseur,** *baissant son fusil et invitant d'un geste le lapin à partir*
Allez, lapin, file! Tu as de la chance aujourd'hui!

*Le lapin disparaît.*

*Apparaît le canard.*

**1ᵉʳ chasseur**
Regarde!

**2ᵉ chasseur**
Un canard!

**le canard,** *tombant à genoux devant les chasseurs qui ont tous deux épaulé leur fusil*
Pitié, messieurs les chasseurs! Ne me tuez pas!

**les chasseurs,** *ensemble*
Et pourquoi pas?

**le canard**
Je n'ai que deux pattes. C'est ce que les enfants préfèrent. Vous avez quand même plus de deux enfants dans votre famille!

**1ᵉʳ chasseur**
C'est vrai, ça. Les enfants vont se disputer. Laissons-le partir.

**2ᵉ chasseur,** *invitant le canard à partir d'un geste tandis qu'ils abaissent tous deux leur fusil*
Allez, canard, file ! Tu as de la chance aujourd'hui !

*Le canard disparaît.*

*Les chasseurs se regardent.*

**1ᵉʳ chasseur**
Je crois qu'on ne va pas rapporter grand-chose aujourd'hui.

**2ᵉ chasseur**
Je crois qu'on ferait mieux d'aller à la pêche.

**1ᵉʳ chasseur**
Bonne idée !

*Ils remettent leur fusil en bandoulière et disparaissent.*

*Le chevreuil, le lapin et le canard réapparaissent.*

**le chevreuil**
Eh bien, nous avons eu chaud !

**le lapin**
Oui. Mais maintenant ce sont les poissons qui ne vont pas s'amuser !

**le canard**
Oh ! Ils trouveront bien quelque chose !

**ensemble,** *tournés vers le public*
Chacun son tour!


**RIDEAU**

Collection « Petits comédiens »

## 6/8 ANS

*C'est Kiki et autres sketches*
François Fontaine

*Coccinelle, Demoiselle et autres sketches*
Brigitte Saussard

*L'anniversaire de Sardinette, Kiritimati*
Jean-Louis Sauzade

## 8/10 ANS

*Le problème, Le discours*
Christian Lamblin

*L'affaire Barbe-Bleue, Un bandit qui retourne sa veste*
Yak Rivais

*L'opéra grammatical, Le juste mot*
Anne-Catherine Vivet-Rémy

Conception : Sarbacane
Réalisation : Arts Graphiques Drouais
Illustrations : Philippe Bucamp

N° de projet : 10113170 - D.L. mars 2000
Imprimé en mars 2004 par l'imprimerie CAMPIN à Tournai, Belgique